JN440635

고요한 기다림

국립중앙도서관 출판시도서목록(CIP)

고요한 기다림 : 고덕상 시집 / 지은이: 고덕상. -- 대전
: 오늘의문학사, 2014
p. ; cm. -- (문화사랑시인선 ; 26)
ISBN 978-89-5669-585-3 03810 : ₩10000
한국 현대시[韓國 現代詩]
811.7-KDC5
895.715-DDC21 CIP2013027609

문학사랑시인선 26

고요한 기다림

고덕상 시집

오늘의문학사

| 서언(序言) |

사람이 살아가는 데는 의식주(먹고, 입고, 자고)가 필요하듯이 시가 살아가는 데도 언어(먹고, 입고, 살기)가 필요하다.

어떤 시는 세월이 흐르면 흐를수록 빛나고 값지다는데 나는 왜 시를 쓰면 쓸수록 시가 어렵고 안개 속일까?

"늦게 배운 도둑이 날 새는 줄 모른다"고 예순에 시작한 글쓰기를 잘 해보겠다고, 삼다(많이 읽고, 많이 쓰고, 많이 생각하기)를 누구보다 적잖이 실천했지만 내 보일 시다운 시 하나 없다.

이제 나에겐 혹자 생산이 내 편이 아니고, 이미 내 곁을 떠났지만 시작(詩作) 의욕은 꺾이지 않았다. 아직도 마음은 불끈불끈 솟는 이십 대의 설레임인데, 몸은 꺼진 질화롯불 같다.

가만히 생각해보면 어느 틈에 이렇게 늙었는지 서러워지다가도 한편 이 나이 먹도록 아픈 데 없이 젊은이들 틈에 끼어 시를 읽고, 언어기교(言語技巧)에 대해 논할 수 있어 행이다.

사는 날까지 시와 드잡이하다 가련다.

그간 써놓은 졸작(拙作)들을 간추려 한 권의 책으로 엮으려 한다. 몇 편은 타 문학지에 발표된 것도 있음을 밝힌다. 문학 선·후배 동료들의 지도편달과 질정(叱正)을 구하면서….

작품이 나오기까지 애써 주신 오늘의 문학사 이헌석 대표님과 직원 여러분의 노고에 감사드린다. 특히 편집장 이영옥 여사님의 후의가 고맙다.

2013. 11. 22

논산 구석 우거에서

고 덕 상

| 차례 |

| 차례 |

제2부_없는 걸 보다

| 차례 |

제3부_잡것들이 판치고

| 차례 |

제4부_추억의 가장자리

제1부

대둔산 가는 길

봄꿈

경瓊아 가자, 손을 잡고
복사꽃 살구꽃으로
불 지핀 돌담길 돌아

꾀꼬리 임 그리워
이리 저리 펄펄 나는
동구밖 느티 숲 지나

가진 것 다 내주어도
아깝지 않은 우리가
꿈꾸는 밀실로 가자

돈, 명예가 사랑보다
귀하지 않음을 아니
우리 들꽃처럼 살자.

계사년 새해 아침

계사년 새해 아침
망망대해 헤집고 솟아오르는 해
바라보며, 두 손 모아본다

춥고 그늘진 곳 다 걷히고
아픔 슬픔으로부터 벗어나게 하시며
기쁨과 사랑으로 새해를 맞게 하시고
남루한 이나 화려한 이나
가슴 열어 하나 되게 하여 주시옵소서

이웃들아! 마음껏 나래 활짝 펴고
이 땅에 꿈과 소망이 영글게 하자

이제, 탐냄도 성냄도 모두 내려놓고
집착과 아집도 다 부려놓고

소통과 화합의 길로 매진하자
자신을 다독이고 깨달을 줄 알아야
세상도 따뜻해질 수 있기 때문이다.

복수초福壽草

하이얀 잔설殘雪
이고, 천연스레
웃고 있는
그 순진純眞함이여

아침 햇살
머금고, 한껏
반짝이는 이슬
그 영롱玲瓏함이여

노란 꽃잎이
바람도 없는데
파르라니 떠는
그 요염妖艶함이여

난 병신도
아닌데, 한 치도

널 떠날 수 없으니
그 천치天痴스러움이여.

첫사랑

꽃피우고 싶으냐
서두르지 말거라
벌 · 나비가 드나들면
길나고, 헌 것 되느니라

호기심에 불러온 불장난
그 아픈 기억들은
세월없이 묻어두더라도
애물, 천더기가 되거나, 텅 비기도…

세상에서 제일 그리운 이
이 땅에서 제일 함께하고픈 이
이 몸이 제일 사랑하는 이
너만한 꽃이 또 어디 있을라고.

꽃 소식花信

옥색 치마
펄럭이며 사뿐사뿐 오시더니

붉은 꽃
노랑 꽃
연분홍 꽃으로
이 땅 아름답게 꾸며 놓으셨네

이 같이 좋은 날
작은 움 하나 틔우고 싶은 이들이여

울긋불긋 장끼
놀놀한 꾀꼬리
초싹초싹 할미새마냥
신명나게 한번 이 봄 물들여 보자.

진달래

어쩜 좋아, 연분홍 진달래
민얼굴 민머리에
검소하나 추하지 아니한
밉도록 예쁜 꽃

온갖 고난 헤치고 나가는
검정 고무신 끌며
고샅길 달리던 점순이 닮은
촌뜨기 같은 꽃

산자락 돌고 산허리 질러
두메산골 아낙네들
오일장 보고 돌아오다 쉬어야 하듯
수줍음 타는 꽃

자락 자락 산자락마다
골 골이 골짝마다

불평 없이, 저마다 자리한
한국의 토박이 꽃.

삶의 지혜

— 민들레

고향 산천은 언제나
내 어린 가슴에
고봉으로 담아 준
삶의 지혜, 두터운 사랑

시 한 수 얻을까 싶어
옛 고향 길 걷다가
갑자기 떠오른 순이 모습
삘기 뽑자 꼬여내던 곳

오늘도 그날처럼
민들레 홑씨가
낙하산 타고 무더기로 이 둑에
내려와 앉더니 차례대로

머뭇거림도 없이, 지구를
번쩍번쩍 들어올려.

내 마음의 덫

으슥한 달밤, 돌담 돌며 뻐꾸기 울음 울어댄 것도
삼백육십오일, 앞 내 징검다리를 높이 쌓아올린 것도
출출한 점심 때, 네 책상 속에 감자 누룽지가 놓인 것도

너와 함께 하고 싶고, 같은 길을 걷고 싶어서였어

네가 어떤 빛깔로 반짝일까
네가 어떤 향기로 너울댈까
네가 어떤 몸짓으로 다가올까

아침마다 나는 빌었어, 네 마음이 내 마음 되어주길

주부들이 끼니마다 국 간을 보듯
의사들이 밤낮없이 환자를 살피듯
날이면 날마다 네 거동을 살폈어

갈래머리 민얼굴이 눈물겹게 예쁘던, 아! 경아.

우수雨水 맞이

24절후節侯, 둘째 머슴애 우수가
장가갔다 친영親迎하는 날
벌써 땅순이大地는
달거리 끝내고, 배란排卵이 시작
빳빳하던 아랫도리가 보들보들 습해져
양지 바른 양안兩岸에다
일찌감치 재 뻬고
상치 쑥갓 아욱씨 묻고 다독여주니
꼼지락꼼지락 뱃속에서 발길질
태양은 저만치서 호탕하게 껄껄 웃으며
경사로다 경사로다
파랗게 태어날 손자 보고 싶다며
온 천지 더욱 뜨겁게 불 지피고
해산解産 준비에 눈코 뜰 새 없다.

상사화相思花

뒤돌아볼 짬도 없이 살아가다 보니
춘삼월 호시절 다 보내고
칠팔월 염천에 꽃 대궁만 불쑥
알몸으로 나와 두리번거리나
오죽 보고 싶었으면 저리 뜨겁게
정염情炎의 불꽃으로 타 오르는가
여북, 가슴에 사무치는 애절한 사연이기에
홍자색 열꽃으로 온몸 이글거리나

전생에 무슨 업보를 안고 태어났기에
그리워하면 그리워할수록 멀어지나
꽃대 솟으면 잎이 숨고, 잎이 나면 꽃대는 지고
고뇌苦惱 없는 삶이 어디 있다더냐
아픔 없는 사랑이 몇이나 있다더냐
세상에는 영원한 건 없나니, 최선을 다해 살자
죽으나 사나 고락苦樂을 함께 할 짝이라면
뿌리로 감아 도는 우리만의 밀회를 찾음직도.

능소화凌霄花

열대야로 밤새껏 잠을 설치다
새벽 대문 열고 나서니
연분홍 민얼굴이 눈물겹게 곱구나
꽃 더미더미가 홍소哄笑 짓듯 푸짐해
백 마디 찬미보다 딱
한마디 침묵이 훨씬 값져

땅에 지고 나서도 일그러짐 없이
제 모습 그대로 지니고 있음은
세사를 꿰뚫어보는 혜안을 지녔나 보다
떠나면서도 허리 굽히지 않는
자신만만하고 당당한 그 모습
생을 마치는 날까지, 나도 너를 닮고 싶다.

고추

파란 꿈을 안고 자라더니
빨간 희망을 품고 영글더니
최후의 바람希은
빳빳하고 탱탱하게 약 오르기라며
가지마다 빨갛게 늘어뜨리고
뜨겁게 쏟뜨리는 가을 마지막 햇살에
연신 담금질

이젠 나도
어버이 슬하를 떠나
어디 내놔도 부족함이 없는
불꽃처럼 타오르는 사내로 살고 싶어

한 입 물었다 하면
빨간 두 입술 안팎이 얼얼하게
흠뻑 적셔 주고 싶다.

가을과 겨울의 어름*

— 2012년 가을

여치 베짱이 귀뚜라미 가을 곤충들
가뭄 장마 태풍에 힘겨웠던, 구겨진 가을을
노랫가락으로 팽팽이 끌어당기고 있어

아내와 빨간 끝물 고추를 따다가
저 하늘의 깊고 짙푸른 옥천수玉泉水 한 잔
눈-요기療飢로 들이켜니 왈칵 취해버려

내 어릴 적 가슴에 묻어둔 새하얀 그리움이
음악처럼 감미롭게 떠올라
따끈따끈한 마지막 햇살도 저쪽에서
풋대추 알밤 데리고 즐겁게 놀고 있어

갈바람에 너울대는 억새의 허리 놀림도
어제보다 훨씬 더 요염해졌어
문전옥답이며 사래 긴 밭마다

놀놀한 알곡들이 깔깔대는 웃음 소리
줄인 배로 걸어도, 고프지 않아.

*어름 : ㄱ, 두 물건이 맞닿는 자리
ㄴ, 물건과 물건의 한가운데

겨울 햇살

내 안에
들어와
그리움으로 자리한
너

네가 없으면
찬바람만 불어와

네가 없으면
눈보라만 몰아쳐

너 없는 세상은
사철 얼어붙은 툰드라

돌아보니, 하루하루가
다 그리움인 걸

굽어보니, 어제 오늘이
모두 사랑인 걸.

대둔산 가는 길

들과 바다는 보이지 않고
들어가면 들어갈수록 하늘이 좁아지고
이 굽이 돌면 저 굽이, 이 코숭이 지나면 저 코숭이
산자락마다 활짝 피어난 키 큰 억새꽃 홰기
덩달아 무더기로 피어난 산국山菊들
마지막 가을 햇살을 끌어당기느라 야단법석이다

수락계곡은 태고의 숨결이 묻어나는 곳
아무데서나 순수가 나뒹구는 곳
신은 왜, 고갱이 같은 수락사람들에게
번영이나 사치 같은 건 모르쇠 했을까
허리띠 졸라매고 자연을 벗하며
찔레꽃마냥 소박하게 살라 하였을까

생이란, 긴긴 겨울밤 억새꽃의 흐느낌이더냐
끝없는 계곡물의 찢어지는 울부짖음이더냐
아파하지 마라 그게 삶이란다

억겁을 외로이 지켜온 수락계곡의 순수여!
꿈이요 희망의 길잡이요
이십일세기 지구촌의 축복이란다.

화개장터

헤프게 가슴 열지 않는
운해 속 정적靜寂에 싸인 지리산
그 육중한 허리 감아 돌던 섬진강 맑은 물줄기
염창나루에서 해찰하며 감아 도는 곳에
화개장터 구수한 제첩국 내음
수다스런 아낙들 웃음소리 산울림 되어
녹차 밭 지나 쌍계사 골짝을 타고 오른다
전대 찬 할머니 날렵한 칼솜씨
은어 회는 빛나고
어미 따라나선 어린 것의
불그레한 작은 볼이 어찌 그리 예쁠까
전라도 사투리와 경상도 방언이
어우러져 알뜰살뜰한 사람 내 풍긴다
소쿠리에 고봉으로 담아 놓은 산채며 산과
가장 정겹고 순수한 소리로
쌉니더 사가이소
밤잠 설치며 쑤어온 도토리묵

향梅實 간장에 처(처서) 잡쒀보시랑께
아내 꿰차고 달아나도 모른다요
온몸 저리도록 파고드는 친숙감
서툴고 떨리고 설레는 첫사랑처럼 안아보고 싶다.

은선 폭포 아래서

가을의 마지막 햇살을 움켜잡고
모두 겨우살이 준비에 한창
어느 한 곳도 넘고 처짐 없이 만산홍엽
덩달아 폭포도 비천문상을 그려내듯
굽 돌고 섯돌며 마구 뿜어내는 물보라
마치 은가루를 뿌린 듯 반짝거린다

내가 자리 잡은 굴참나무 등걸 아래
용의 초리처럼 휘감기는 파란 소沼에는
빨강 노랑 파랑 낙엽들이
영락없이 짜 놓은 비단결 같이 아름답구나
마음에 이는 감홍은 잠들 줄 모르는데
반백 넘게 살아온 일흔 줄은 산행이 버겁다

시방 낙엽 지듯, 삶을 하나하나 내려놓을 때
왜 자꾸 떠오를까, 서른에 대학졸업
서른 넘어 이등병 생활도 거뜬히 참았는데

토라진 연인 어르듯 뻑뻑한 무릎 주무르며
부도 명예도 권세도 한낱 봄꿈 같구나
있다 없다 마음 비우니 명경지수처럼 맑아.

장능 莊陵*

눈으로 보는 슬픔이 아니라
마음으로 읽는 슬픔
총칼로 밀어붙인 삐뚤어진歪曲 역사를…

물러난 왕을
모반의 빌미가 된다는 핑계로
귀양살이로 내몰더니 사약까지 내려
시신마저 금수들 밥이나 되라 내쳐
하— 민망한 관아말직 엄嚴 내관이
몰래 업어다 가매장한 어침御寢…

곤룡포 입지 않아도 천賤하지 않고
수라상 받지 않아도 궁窮하지 않아
궁궐에 계시나 영월에 계시나 만민의 표상
노송들조차 능 향해 목 숙여 읍하네요

못 다한 왕위 못 다한 대로

이젠 슬픔도 원한도 다 내려놓으시고
사육신 생육신 학자 충신 둘러앉히고
안평 금성 더불어 시문이나 읊조리소서

*莊陵(단종대왕 능호) : 강원도 영월군 군내면에 소재

청령포青伶浦

— 단종이 귀향살이 하던 곳

그것은
양위가 아니라 찬탈이었다
용맹勇猛의 칼날이 아니라
욕망慾望의 칼날이었다

청령포는
어린 넋이, 큰 아픔 참아내기 힘들어
가슴 움켜잡고 눈물짓던 그곳
달 밝은 밤이면 두고 온 임 그리워
한양 땅을 넘겨짚던 그 시절

먹구름 속에서 으르렁대는 천둥
번쩍번쩍 혓바닥 날름대는 번개
억수장마 몰아치는 밤, '돌아보면 홀몸'
얼마나 외롭고 두려웠으면 부여잡은
관음송에 맺힌 붉은 피멍
아픔의 흔적이 어찌 그 뿐이랴

예를 보나 제를 보나 가슴 아픈 곳
암벽으로 둘러싸인 산빛도 '아리고'
감아도는 푸른 강물도 '시리고'
찾아온 둔한 늙은이 마음도 '아프다'

낙엽에 부쳐

세상살이 맵다며, 만취된 몸으로
산야를 누비더니

동부새 몰아치는 길목에 서서
훌훌 벗어부치더니

내 피 한 방울, 욕되지 않게
이웃에게 거름이 되리

살아보니, 비 눈 바람 몰아쳐도
'세상은 살만했노라'고

되짚어보니, 삶은 허무요 고해라지만
'참으로 행복했노라'고.

제2부

없는 걸 보다

없는 걸 보다

— 문예창작 반을 기웃댄 적 있지

시 창작 지도교수가
오늘은 무엇을 하셨습니까
예, 시집을 읽었습니다
무엇을 보셨습니까
없는 것을 보았습니다

그 본 것을 설명할 수 있을까요
'암벽 앞에서 눈감고 좌선하면
그 속삭임이 보이고요觀音'
'햇빛이 내 긴 그림자를 지우려고
낑낑거림이 들리고요幻聽'

보이지 않는 길 창조해내고
들리지 않는 걸 형상화하느라
그 외롭고 힘들고 먼 고난의 길
쓸모없는 듯, 참으로 쓸모 있는
오답 같은, 은유의 언어 기교.

불후不朽의 명작을 보며

화보 속, 르느와르의 여인들
푸른 초원에서도 벗고
붉은 꽃밭에서도 벗고
하얀 침대 위에서도 벗겨 놓았네

이상理想을 추구하려는 것이
예술가들의 한결같은 꿈
그 중 하나가, 신의 걸작 여체女體인가
더 나아가, 인간을 인간답게 살아갈
진, 선, 미의 구현이 그들의 몫
보이지도 들리지도 않는 영혼靈魂의 길까지…

화보 한 장 넘길 때마다 아내 킥, 킥, 킥 하기에
나만 아는 속내를 행하려다 들키고 말아
찻잔 들고 온, 아내의 손 곱다며 끌어당기니
된장찌개 끓여 놨으니, 저녁 먹잔다.

인생

제주행 배를 타고 가노라면
섬, 파도, 갈매기가 마구 품안으로 달려와
내 안에서 곱게 여울져 가는데
어느덧, 제주항에 내려 두리번거려도
그리던 것들은 다 사라지고
나만 홀로 서 있구나

삶도 이와 같아
종착역에 온힘 다하여 다다라보면
주먹 꽉 쥐고, 홀로 울며 왔듯이
주먹 활짝 펴고, 홀로 말없이 돌아가는 게
인생이다
그게 바로 인생이란다.

안타까운 내 사랑

나는 날마다
낯익은 것들과는 결별을 하고
느닷없이 찾아오는
낯선 영감을 기다리고 있어

봄기운이라곤 눈꼽만큼도 없는
시린 땅에
하얀 잔설殘雪을 이고
반짝이는 복수초

정처없이 떠돌다 닿는 곳이
정 들일 고향이라며
민들레 홀씨가 가만히 내려앉아
지구를 번쩍 들어올리네

시는 언제나 가슴속에서 들끓고 있는
안타까운 내 사랑.

풋사랑

특급 중 특급, 비밀이야
쥐도 새도 모르게 해
새나면 안 돼
은밀한 우리 만남
이웃들에게 눈치채면
세상이 시끄러워져

쉿!
누가 들을라
귓속말로 이야기 해
우리 사랑의 밀어密語.

함께할 수 있다면

그리운 이와
함께할 수 있다면

아침 햇살 손 내밀어
어린 들풀 어루더듬듯
그분의 마알간 순정 속으로
햇볕처럼 깊이 빠져들고 싶다

좋아하는 이와
함께할 수 있다면

틈 없이 쌓인 정 나누며
꿀벌 윙윙거리며 식소사분하고
양떼들 한가로이 풀 뜯는
꽃밭을 새도록 걸어보고 싶다

사랑하는 이와
한 곳을 바라볼 수 있다면

시원도 모르는 물방울이 돌 틈 뚫고
풀뿌리 요리조리 돌아서 다다른
저 넓고 푸른 수평선 너머에
새로운 이상향을 꾸며보고 싶다.

길

질러온 길이나
돌아온 길이나
나에겐 없었어, 참신한 새 길이

아버지의 아버지
할아버지의 할아버지 적
전래傳來를 그대로 답습해온 길

보아도 좋은 줄을
들어도 옳은 줄을
맛도 향도 느낌도
오감五感으로 느낄 짬도 없이 산 길

그나마 육감六感 하나는 살아
체험한 대상들이 실생활에 반영
아프다 슬프다 괴롭다는 알아채
천치天痴란 빈축은 면하고 산 길

넉넉함이 아니라
빠듯함으로 살아갈지라도
함께 웃고 우는 정겨운 삶
그 순정純情만은 영원히 살리고픈 길.

무소유 無所有

법정 스님은
평생 무소유를 주창하셨습니다
떠나는 날까지
자서 경經 사리까지도 재로 만들라며
가사만 걸치고 평상에 누워
길상사를 떠나며, 많은 이를 울렸습니다

저는
두 손 꽉 쥐고, 울며 태어났기에
소유하며 살렵니다
숲이 아니라 나무를 보며
몸과 마음을 고달프게 하지 않으려고
소유하렵니다

나는
종從이 아닌 주主로
꽁지가 아닌 대가리로 살고 싶습니다

염殮할 때 입에 천 석 만 냥을
넣어주는 날까지
이 몸은 소유하며 살렵니다.

갈대뿐이랴

— 계약 시 A와 B의 조건

이때부터였을 것이다
마의태자가 개골산에서 풀뿌리 캐먹으며
울던 그 속울음같이
갈대는 조용히 속으로 울고 있음을 알았다

그때부터였을 것이다
어린 왕 단종이 궁벽한 영월 땅 청령포에서
외롭고 두려워 홀로 떨 듯
갈대는 외로워 온몸 떨고 있음을 알았다

나도 5,60연대 살아남기 위해
속울음 지으며, 떤 적이 한두 번이 아니었지
누구의 탓만도 아닌 나라의 현실 앞에
무릎을 꿇어야 했던 주종관계主從關係

오늘의 불평등 계약을 보라
미소 강요 노동자, 계약직 노동자, 하도급 업체

미련 없이 자리 박찰 이 몇이랴
어찌 속울음과 흔들림이 갈대뿐이랴

잉여농산물, 잉여인간

마치, 그 꼴이 되고 말았어

지금 7,80대 노인들은 육십여 년 전에
미국 잉여농산물을 받아먹고 살더니
이제는 잉여시간이 주체스러운 사람이 돼 버렸어

국가 사회 가정의 관계란 끈이 끊어지거나
늘어지는, 잉여시간이 점점 양산되고
황금만능으로 저울질하는 세상 논리로 보면
인간 존엄성은 자꾸 사무화死無化되어 가네

모여 앉아 객담으로 하루의 시간을 때우는 자들
길가 둥근 방지 턱에 앉아 먼 하늘만 바라보는 사람
휴식터 의자에 큰대자로 누워 자는 이
길거린 팽긴 걸음 꼽추걸음 게걸음, 뉘나 닥칠 자화상

땅값 때문인지 복지관은 외곽에다 지어놓아

점심 한 끼 주는 것도, 힘 부쳐 못 걸어가고
재래시장 먹거리 골목만 서성거려…

어서 인권존엄성이 제 꼴로 돌아오길 빌어본다.

물의 교훈

아래로 아래로만 흐르다
틈만 보이면 요리조리 찾아들어
그리움 되자고, 흙을 어르고 달래
초목들이 자라나기 알맞게 꾸며 놓고

기울어진 곳이 있으면 그득그득 채워줘
높은 데도 낮은 데도 없이
귀한 곳도 천한 곳도 없이
더불어 살자. 부르짖는 여울물 소리

조금도 따짐 없이, 그저 끌어안고
사모하는 기쁨, 더할 말은 생략과 침묵뿐.

영원히 지지 않는 꽃

그리움으로 피워낸 꽃은
영원히 지지 않아

목숨을 이어가는 물 한 모금
사랑을 꽃피우는 피 한 방울
다 그리움이 먹고 살 양식

한데, 명예 사랑 목숨까지도
물질로 평가하는 오늘날
아무리 물질이 정신문화를 찍어누른들
사랑과 그리움은 못 막으리

늘 지고, 억울하게 사는 자들 편에
서야 할, 문인들의 길이라면
그늘은 햇빛을 이기지 못함을 입증해
모든 이에 감동을 주고 영혼을 울릴
푸르고 반짝이는 시를 쓰고 싶어.

허虛와 실實

사당祠堂 앞 쪽빛 연못에
파란 하늘이 내려와 안기고
늙은 홍매화 꽃 얼비친 물빛도 불그레
어디 하나 거짓虛이 발붙일 곳 있더냐

거짓虛과 참實은 손바닥 뒤집기 같아
나도 한때 공명空名과 푼돈에 현혹되어
겉치레만 번드르르하게 꾸며 입힌
허수아비 같은 시를 쓴 적 있었지

이게 어찌된 일이냐
어디서 굴러온 못된 짓이냐
자르고 갈고 다듬는 예쁜이 성형수술
소중히 물려받은 제 몸에 칼질이냐

당초, 흠잡을 데 없이 완벽한 건 없나니
예쁜 것만 흉내내는, 좀 모자라는 친구들아

농아聾啞, 키릴악셀르트 신부의 아픈
삶의, 설교를 들어보라. 들어보라.

균형을 잃어가는 나이

몸과 마음의 균형을 잃어가는 나이

앞을 바라보면 벌써 황혼이
서산에 깃들고
돌아앉으면 수북이 떨어져 쌓인
비듬과 머리카락

갓난아이 일어서다 넘어지길 수없이
수없이 거듭하듯
컴퓨터 그게 그것 같은 자판字板
콕콕 찍으며

나의 아름다운 삶은 아직도 진행 중

젊은 날의 이름으로 살고 싶어
내 곁을 떠나지 말아다오
사랑하는데 무슨 이유가 있겠느냐

그나마 아직 몸이 따라주니
시와 매일 드잡이하며 살고 싶다.

어둠이 걷히는 소리

봄바람 살랑살랑 불어오는 날이면
기대나 바람希은 부질없는 일임을 알면서도
부스스 임에 대한 그리움이
영락없이 도지는 봄날

불현듯 그곳에 가고 싶어
바람소리 새소리 맑은 물소리 흐르는 곳
활짝 열어 놓은 대웅전
아무나 들어와도 좋다고
배시시 웃고 계신 아미타불

우리네 인연은 끝이 없고
제 몸 아낌없이 불태우는 촛불 앞에서
노승의 굵다란 예불 소리
귓전 파고드는 법륜法輪 앞에 손 모으니
빠끔히 눈뜨는 삶의 지혜

집착하다 보면, 고통과 번뇌만 살아나고
욕심 내려놓으면, 근심 걱정 사라져
세사는 별빛처럼 반짝여
내 안에 어둠 막 걷히는 소리.

진정한 깨우침

우리의 인연因緣!
무량無量의 길을 돌고 돌아
같은 때, 같은 사람으로 태어났으니
피붙이처럼 함께 복된 삶 누리며
푸른 들꽃처럼 웃으며 살고 싶었지

한데, 많은 이웃들은 탐욕 때문에
갈등 · 투쟁의 반복, 모함 · 저주의 연속
이웃 찍어 누르기 발목 잡아당기기
온갖 망나니짓 하다, 흐르는 세월에
터득하고 철들어 사람이 되어 가지

느닷없이 닥쳐오는 아픔과 슬픔
아름답게 승화시키려 애쓰기도 하다가
깊은 산속 암자나 도량道場을 찾아
무릎 꿇고 앉아 참회진언을 외우다
시간과 세월이 가르쳐 주기도 하지

돌아보면 모든 상처와 절망의 원인이
자신에게서 비롯되었음을 알게 되고
모질게 탓하고 원망한 점 뉘우치며
젖은 눈으로, '진리의 옹달샘' 응시할 때
진정한 깨우침이라 하지 않겠나?

계백의 피어린 황산벌

기우는 나라의 비운悲運을 안고
피울음으로 지새우는 밤
적장의 노비奴婢로 살아가는 치욕보다
차라리 내 칼을 받아라
장부의 찢어지는 아픔 주체 못해
망나니로 날뛰는 날刃에 달아난 처 · 자의 목

결사대 오천으로 나 · 당羅 · 唐 연합군
오십만을 세 번이나 물리치니
계백장군의 군졸軍卒들 말발굽 소리에
꽃잎처럼 떨어져 나간 적군의 수급首級들

적장의 아들 어린 관창을 잡았다 놓아주며
소부리蘇夫里 아들 생각에 하염없이 눈물짓는 아비 정
조국 수호의 대업이건, 삼한 통일의 위업이건
명분이야 옳고 그르건, 중과부적衆寡不敵인 걸…

저희들은 싫은 걸, 어린 백성들 앞에서는
'입만 열면 충성하라' 말 품팔이 글 품팔이 말고
난 계백장군처럼 사내답게 몸 품팔이 넋 품팔이 하여
죽었으나 죽지 않는 계백의 혼이 되고 싶다.

어리마리한 새벽

바람이 갑자기 창문을 두드리며
어서 돌아갈 준비를 하란다
깜짝 놀라, 창틈으로 내다보니
하늘은 아직도 푸른데…

어쩌다 못다 이룬 일들일랑
뒷사람에게 미루라, 사뭇 유혹하면서
올 땐 두려워 혼자 우는데, 모두 웃어주고
갈 땐 평화로운 침묵에, 모두 울어 주리라

나는 벌떡 일어나 대답하길
아직 할 일이 남았소, 다음에 가겠소이다
바람은 곤란하다는 듯, 발 구름하며
낙엽만 차돌리며 돌아가다.

고요한 기다림

손이 닿으면 파란 물이 들 것 같은 새벽하늘
마당 가 두어 뼘 화단
벌 나비도 찾아오지 않는 곳에 노란 영춘화
어루더듬고 있을 때
긴 꽃잎에 맺혔던 엊저녁 빗방울이 조용히
비닐 자락의 말간 빗방울과 몸을 섞는다

저 빗방울같이 정겹게 사랑하며 산다면
이울던 등걸에서도 움 틔우리
봄기운이라곤 아직 먼 시린 땅에
인고忍苦의 화신化身 노란 꽃봉오리여

나 같이 핏기 떨어진 메마른 가슴에도
한 송이 빨간 동백은 피어날는지…

시골의 봄 풍경

장끼는 의리 없이 건너 산에서
가시妻만 불러쌓고
까투리는 갓 깬 새끼 데리고
호밀밭으로 기어가

조팝나무 하얀 꽃 이파리 바람살에
백설이 분분
뻐꾸긴 개개비 집에다 제 알 낳고
뻔뻔스레 뻑국뻑국 뻑뻑국

근동의 낯선 수캐들이 몰려와
과수댁네 암캐
꼬여 내다 순간의 불장난에
배불러 오고

'속살' 맞대고 불같이 이는 정염情炎
산 것들의 본능인 걸

주변머리 없이 남의 흉을 보며 깔깔깔
뭘 보면 뭘 봤다 손뼉들

무더기로 둘러앉아 밤 이슥토록
음담패설이 꽃피고
웃어대느라 그만 정신을 잃고
집안 일도 까먹어.

볼수록 떠오르는 영상映像

새벽에 조용히 일어나
내 그리움을 네 그리움에다 가지런히 얹고
너를 내려다보고 있으면
어느 겨울인들, 어떤 극지인들 추우랴

찔레 향 그윽한
좁은 오르막 길, 바위너설 굽이돌고 돌아
힘차게 내닫던
젊은 날의 우리들 앞모습이 떠오르고

청머루 익어갈 즈음
쌓다가 허무는 부끄러운 삶도 있었지만
자식만은 우리 전철 밟지 않게
'가르치자'며 힘차게 외치던 옆모습이 어려

황혼이 깃들 즈음
햇빛도 응달이 있어야 더 밝고 눈부시다며

우리의 만남을 시처럼 곱게
꽃피우며, 살갑게 사자던 뒷모습이 스치네.

제3부

잡것들이 판치고

조삼모사朝三暮四
— 풍신들이 하는 짓

'이익利益' 앞에서는
대가리 꽁지 빳빳이 세우고
두 눈에 불 쓰고 덤벼

'권세權勢' 앞에서는
눈깔 지릅뜨고 허리 꼬며
두 손 불나게 비비대

'출세出世' 앞에서는
쓸개膽 간肝 다 빼놓고
아예, 홀딱 벗어버려.

잡雜것들이 판치고

밭田을 돌아보면 잡것*들이 판을 치고
논畓을 나서 보면 악박골* 호랑이로 놀아나
어디서나 착善한 것들이 모진惡 것들에 당한다

온갖 만물의 영장이란 인간들은 어떨까
서로 돕고 울력으로 살아가야할 집단인데
삶이 좀 넉넉해지면 성품이 교만해지고
남에게 불편을 주는 돌부리가 되기도
삶이 빠듯해지면 심신이 고달파져
이웃들에게 수고로움이 되기도 하더라

이웃들의 부족함을 소리 없이 채워주는
이를, 우리는 어른이라 부른다
나도 사는 날까지 어른으로 살다 가고 싶다.

*잡것 : 바라귀 풍년대 쇠비름 온갖 잡초 지칭
*악박골 : (서대문구 현저동 일대의 옛이름)
호랑이는 상종 못할 만큼 사납고 무섭다

해는 서산에 지네

우리 삶에 보탬이 되지 못하는 이는
가도 그만 와도 그만 있으나 마나한 이

나는 어느 틈에 늙었는지 서러워지다가도
돌이켜 보면, 이 나이 들도록 아픈데 없이,
금빛봉사단*으로 활동하니 행이라

너 나 없이 늙으면 생각을 조절 못하고,
씨부렁대지만 듣는 이는 씨근둥
이제는 즐거움보다 외로움에 더 가깝고
기쁨보다 슬픔에 더 가까운 나이

아날로그 적 늙은이를, 디지털 때 젊은이들
대열에 끼워 주니, 고마운데 해는 서산에 지네.

*금빛봉사단 : 교직생활 퇴임자끼리 조직한 봉사단체 명.

수술대에 누워
— 위천공수술

당장 죽느냐 사느냐
기로岐路에 서면
부모, 처자들 얼굴이
스크린처럼 돌아가

배꼽 밑이 깎이고
몽혼주사 놓으면
만단정화가 용암처럼
한꺼번에 내뿜어

잘하고 못한 일
사랑하고 미워한 일
하나 둘 꽃도 피어나고
나날이 논밭도 살지고

마취약발이 온몸 퍼지자
몽롱朦朧해진 넋

사랑하라, 용서하라
물려줄 건 이뿐.

풍경風磬

어제도 오늘도 삶이란 무엇일까
하늘이나 알까, 땅이나 알까
아침 햇살 닿으면 스르르 스러지는 이슬
아무도 모른다고, 살아봐야 안다고
물음표(?)로 매달려 울어대는 풍경
뎅그렁 뎅그렁 뎅그렁…
아직도 삶의 정답은 없노라고
아미타불은 소리 없이 빙그레

아끼던 이의 명복이나 빌어준다고
찬바람에 나뒹구는 낙엽 헤치며
산사에 들어섰건만 인적기는 없고
고요 속, 선정禪定에 든
고승과 보살할미들만 내려다보는 풍경
뎅그렁 뎅그렁 뎅그렁…
이승과 저승 사이를 잇는
하얀 향불만 둥글게 둥글게 피어오른다.

갈등葛藤

꼬락서니 참 우습게 되어버린 늙은이들
생산성 수익성은 점점 초라해지고
권리와 의무는 자꾸자꾸 쪼그라들어

우리 언제 춥고 배고픈 적 있었냐는 듯
물질로만 평가하는 오늘날의 현실
게다, 수명은 늘고 설 자리는 주는 고령화 사회

원수니 악수니 하면서도, 개니 소니 하면서도
철부지들처럼 토닥토닥하다가도
살 비비대며 사랑해온 우리들이 아닌가

변질되어 가는 사회구조를 젊은이들은
늙어갈수록 고집 세고, 노여움 잘 타고
남과 타협할 줄도 모르는, 독선적이라 평가

서러움 부끄러움 외로움 늘어가는 건
누구의 탓만도 아닌, 시대의 대세인 걸.

하늘만큼 땅만큼

피붙이들까지 웃기며 왔다가
이웃들까지 울리며 떠나는 사람들아
얻은 것도, 잃은 것도 없이
빈손 쥐고 되돌아가는 영혼靈魂들아
삶이란, 여름날 잠깐 흩뿌리고 지나는 소낙비
깜깜한 밤하늘 별 보고, 불현듯 찾아오는 그리움
흐르다 모였다 흩어지는 구름 같은 것
세상에는, 열 손가락 다 써도 삶이 고달픈 이
손가락 하나 까딱 않고도 호화로운 이
어머니 가슴으로도 풀 수 없는 미움 · 원망도
내가 죽어 살고, 살아 죽어지내면 되느니라
뵈는 것만이 아니라, 보이지 않는 것까지 보는
혜안의 시인들아, 세상 무엇이 두려우랴
부나 명예엔 집착 말고, 남 위해 살아보라
꽉 막혔던 숨통도 확 트이리
한번쯤 연리지連理枝처럼 끌어안아 보라
두 가슴에서는 용광로 쇳물 끓어오르듯

안타까웠던 그리움이 콸콸 흘러내리리
젖떼기 말로, 하늘만큼 땅만큼.

늘그막에

날이 자꾸 저물어 가는데
내 갈 길의 끝은, 아직 보이지 않아
친한 벗들은 하나 가고 둘 가고
모였다 흩어지는 조각구름처럼 제 갈 데로 가
난 지금 전신이 종합병원이니 다음은 내 차례

웬일인지 지난날 토담집 아궁이에
싸잡이 물거리 쳐다 불 지피며 눈물 짜던
아내의 낡은 무명적삼 앞자락에
은은히 배어든 향긋한 솔내음이
이 밤 한없이 그리워지는 까닭은?

밤하늘에선 부옇게 눈물 머금은 미리내
땅에서는 골짝이마다 푸른 는개
겹겹으로 밀려오는 초저녁 적막寂寞이
사정없이 온몸 감싸고 돌아가네

내 평생 살아오며 아파하는 건
몸에 다친 상처가 아니라
처 · 자에게 가난의 굴레를 씌웠음이다.

철길鐵路

세상에는
그리워서 시도 때도 없이 나뒹구는 젊은이
평생을 그리워하면서도
단 한번도 못 만나는 기연奇緣도 있지

우리는
샘내리만큼 맞바라기하고 사철 누워 있지만
그리워하면 그리워한 만큼
'선로반원은 탈선한다' 베고 누운 침목에다 못질

남은 날은
많고 많은 것을 생각하지 말고
하나하나 내려놔야 한다
미움과 원망을 키우는 대신에
용서와 사랑을 키워야 한다
사철 복사꽃 떠가는 마을에 닿을 때까지
세상과 하늘이 우리 편에 설 때까지
삶의 무게 나눠지고 함께 가야 한다.

재미없이 살았나 봐

너무
돈, 돈, 수전노처럼 사느라
맛, 멋, 흥도 모르는 얼간이처럼 살았나 봐

조금
슴슴하게 살며
철철이 갈아입고 골고루 골라 먹으면 어째서

더러
쉬엄쉬엄 해찰도 하며
어깨 쭉쭉 펴고, 으스대며 살면 어떻고

가끔
아내와 더불어
어둡고 춘 곳 찾아, 끌어안아주면 어떠리.

단짝 그림자

우리의 인연因緣은
몸짓 눈짓 하나로도 '푸른 평화, 잿빛 투쟁'
은밀한 것까지 속속들이 알아채는 단짝 그림자

살아가다 즐거우면
하늘 보고 한번쯤 껄껄 웃어도 보고
때론, 서글퍼지면 땅을 치며 울어도 보련만
언제나 허송하고 돌아다니는 나를
말없이 꾸벅꾸벅 황소처럼 따라다니는
바보 아닌 바보 같은 단짝 그림자

빳빳이 고개 든 풋보리
머리 숙일 때까지, 주린 배 움켜잡고
느린 사월陰을 원망하던 때도 있었지
이제는 하나둘 꽃피고, 조금씩 채워지는 삶
시가 먹고 입고 할 소재를 구한답시고 떠돌 때도
너는 자석처럼 붙어 다닌 단짝 그림자

얘야, 이제부터는
네가 살고 싶은 데서 살고, 하고 싶은 일 하며
허송했던 시간 찾아 젊음을 만끽하거라.

제5병동의 점경點景

내 봉합縫合 잘못돼 죽다 산 놈 앞에
기우는 목숨을 링거뿔에 얼기설기 줄 늘어뜨리고
육중한 바지선을 힘겹게 밀고 가듯
까마득한 복도를 뿔대를 밀고 왔다 갔다 하는
그 스크린은, 저물녘 박꽃처럼 청순清純한
앳된 소녀
가난한 시간으로 연명하는 사이
우유빛 살결은 덕장에 걸린 동태껍질 같아
날 슬프게 한다

피곤을 내려놓고 쉬고 있는 놈 옆으로
코 입 배腹에 거미줄처럼 늘인 호스에 매달려
목도 가누지 못하는 반半 소장을 태우고
휠체어 밀고 가는 할망구
실 같은 명줄 놓지 않으려는
미수米壽의 영감
권솔眷率들은 무더기로 둘러앉아 한담閑談

제 설움에 겨워 젖은 할멈의 눈물이
날 슬프게 한다

창밖의 녹음은 오월의 여왕다운데
대학병원 5병동은 날선 그림자만 드리우고.

철조망鐵條網

열강들이 우리 땅에 우리 몰래
그어 놓은 철조망이 있습니다

겨레의 슬픔과 울분鬱憤으로
벌겋게 녹슨
한 많은 철조망이 있습니다

반백년 적敵 아닌 적으로
총칼 맞대고
살아온 철조망이 있습니다

백의민족의 회한悔恨으로도
끊을 수 없고
이념 주의로 오래 문 걸어
우애와 사랑으로도
끊을 수 없는
부끄러운 철조망이 있습니다

우리들의 나약함을 한탄하며
오늘도 캄캄한
북녘 하늘을 바라보고 있습니다.

구실과 명분은 여반장如反掌

지구상에는
남극과 북극으로 대치하면서
양극 음극의
전위電位에 따라 당겼다 밀쳤다 하면서…

내 생은
명분 없는 삶, 늘 밀치는 편에 서서
꿈도 희망도 다 생기 잃고
상대편의 처분만 바라보며 산 것 같아

혁명도 투쟁도
내세울 명분이 뚜렷해야 하듯이
우리가 바라는 세상은 구실이 아니라
함께 살아갈 명분이 필요한 거야

혁명정부는
'낡은 구태를 개혁 한다'는 명분으로

총 · 칼 앞세워 백성을 피바다로
역사를 왜곡해 버리지만
문민정부는
'새로운 정의와 민주'란 명분으로
붓 · 펜으로 겨레를 다스려
정의로운 역사를 이룩하지.

살고 죽음도 마음먹기에

본디, 시는 언어 없이는 존재하지 못하듯
물굽이도 안팎으로 용솟음쳐야 생물이 살아
목숨이 태어나기 위해서는 진통이 따르듯
어머니 산통을 겪고서야 내가 태어났다

절간의 범종소리 더 멀리 퍼지고 싶으면
더욱더 모질게 맞아야 이룩되느니
아픔이 소리를 자아내는 것이 아니라
소리가 아픔을 자아내는 것인지 몰라

生은 苦라지만, 한번 마음 다잡고 가보자
괴롭기로 작정하면 어디인들 못가랴
죽기로 목숨 걸면 포화砲火 속이 문제랴

세상은 제행무상諸行無常*이라 하잖던가
우리 삶에 영원한 눈물이란 없으며
누구에게나 영원한 행복도 없느니라

이태섭 신부, 김청자 교수 두 분처럼
아프리카 오지에서 생을 마감 못할지라도
마음과 마음의 울림은 아무데나 있다.

*諸行無常 : 우주만물은 항상 돌고 변하여 잠시도 한 모양으로 머물지 않음

백자白瓷 항아리

방안에 둥근 보름달이 떴다
백토白土와 유약釉藥이 합세하여
몇 천 도의 불꽃 속에서 싸워 이긴
토실토실 살지고 배부른 귀여운 달

밤새껏 어둠의 질곡桎梏을 헤집고
솟아오른 맑고 고운 무리
여린 듯 짙濃고 짙은 듯 여리며
있는 듯 없고 없는 듯 있는
우유 빛이 시나브로 배어나는 어여쁜 달

즈믄 해 품어온 옥빛 유약
하얀 눈雪빛이더니 은은한 옥색
은은한 옥색이다가 부드러운 젖빛
도공들의 콧등에 어린 땀방울처럼
내 안에 커다랗게 자리한 아리따운 달.

아! 옛날이여

— 옛 영광 뒤로한 연산역

오는 이 없고, 떠나는 이만 느는 연산역
오늘도 고향 등지고 대처 찾아가는 군상들
올망졸망 짐 보따리, 주렁주렁 새끼들
모두 말없이 시공을 넘나들며
슬쩍슬쩍 낯선 눈길만 건네주는 인연들
여긴, 가장 짧으면서 가장 긴 시간 속을
다른 시선으로 다른 모습으로 다른 생각으로
복숭아꽃 떠가는 마을을 그려내고 있다

지루하게 어미 등에 업히고 안긴 어린 것들
까만 눈이 별처럼 반짝이는 놈, 꾸벅이는 놈
어미는 죄 없이도 오금이 저려오는지
질러가는 시간만 멍하니 응시하고 있다

난, 하 민망하여 빈 난로 연통만 어루만지며
번영을 찾아가는 고달픈 영혼들에게
가슴마다 품어둔 향기 짙은 꽃씨 하나
싹 틔우길 진심으로 빌며, 대합실을 나섰다.

그만 잠들고 만 고요

— 대둔산 충혼비 앞에서

삶이 허기질 때는 대둔산 수락계곡을 찾아라
피다 진 꽃들의 애끓는 증언證言을 들어보라
육십여 년 전 나라의 비운同族相殘을 짊어지고
불같이 일어섰던 피아彼我의 젊은 꽃 넋들
사상思想도 주의主義도 모른 채 내몰린 젊음
꿈도, 희망도, 명예도 날아간 허무
빨치산들과 맞서 목숨을 초개草芥같이 던진
대한건아들
어디에 대고 명복의 무릎을 꿇어야 하나

잃어버린 시간 속 한 올 한 올 들여다보면
슬픔은 나이테처럼 굳어진 지 오래
충청도 머슴아도 전라도 계집아도 주의 선동에 속아
물길 따라 오르는 송사리 떼처럼
빼어난 영산靈山,
대둔산을 핏빛으로 물들인 역사歷史
이제는 아픔, 슬픔, 핏자국도 비바람에 쓸리고 닦여

골짝골짝 등성이마다 푸른 숲으로 덮어버려
이제는 세월에 허기져 그만 잠들고만 고요

세계를 휩쓴 한류

당장 죽는대도
서럽지 않은 인생을 살아왔지만
아직 내 가슴에 피가 흐르는 동안은
어릴 적 징그럽게 춥고 긴 어둠
벗어나는 조국의 광영을 보고 싶은데
잠자는 한류

요즈음 한창
그 지치고 허덕이던 넋들이 꿈틀대고
메마른 들을 적시는 미쁜 도랑처럼
선명회합창단, 조수미 소프라노, 사물놀이패…
어디를 보나 소매 걷어붙인 젊은이들
꿈틀대는 한류

내가 태어나고
내 살아갈 조국은 오직 대한민국 하나뿐
어서 아픔 벗어나고픈 우리들 몸부림

도움을 받던 우리가 도움을 주는 나라로
겨울연가, 정명화 일가, 아시안게임, 올림픽 개최…
요동치는 한류

상대를 읽지 못하면
이편(我方)에서 다스릴 수 없다며
온몸에 풋내를 띠고, 푸른 꿈을 품고
김연아 피겨, 박태한 수영, IT 산업, 올림픽 5위
K—POP 소녀시대, 언더걸스, 싸이 강남스타일…
흐름을 알아야 물꼬를 돌릴 수 있다며
온몸으로 부딪치고 쓰러지고 휘감기며
세계를 휩쓴 한류.

두멧길

나는 두멧길 걷기를 좋아한다
울퉁불퉁하고 구불구불한 두멧길 걷다 보면
아무데나 널브러진 하얀 찔레꽃
그 향긋한 꽃향기가 바람에 실려 오고
윙윙거리는 꿀벌들의 군무
마늘 캐다 밭둑에 길손 불러 앉히고
막걸리잔 새끼손가락 휘휘 저어
건네주며, 마늘종 된장 찍어 입에 넣어주는
소박한 인정미가 그리워

아이들도 다 풀어놓아 기르니
자연이 교과서라, 모질고 사나운 애들이 없고
저물녘이 되면 섶울타리 너머로
"햇것이니 입맛이나 다셔보라"며 건네주는
아주머니 다정한 목소리
평평한 길 쉽고 편하게 살아가는 도시인들보다
울퉁불퉁한 하지 감자처럼

흙투성이로 살아가는 것이 좋아, 구불텅한 길처럼 여유롭게 사는 게 좋아.

마음의 평정을 잃고

퇴임 후 쥔 것이 없어, 밤낮으로 이는
불안에 떨고 있을 때, 친구의 권유로
증권사 객장에 앉아 기웃댄 적 있었지
내 마음의 텅 빔 때문

백일기도 들어 삼천 번 절해야
눈길 한번 비켜 갈까 말까한 걸
아내에 끌려, 무릎이 닳도록 조아린 적도
내 마음의 덧없음 때문

죽음이 가까워져야 철이 드나 보다
욕심 집착 다 내려놓으니 마음은 거울 속
민들레 홀씨가 자유로히 날아가듯
나도 마음의 나래 활짝 펴고 날아가리.

제4부

추억의 가장자리

빛바랜 사진첩 추억 1

— 해탈(解脫)

고교시절 머리 깎고
심산유곡 산문産門으로 들어가
사바娑婆의 번뇌와 속박에서
벗어나고 싶어서가 아니라, 솔직히
배고픔이나 면해볼까, 한 적 있었지

어떡하면 이 굴레에서 벗어날까
목탁 소리 아롱질 때마다
엎드려 젊은이 고뇌만 자꾸
펴 올리던 한恨많은 고학생

백두산만한 아픔 슬픔 지고와
한라산만큼이나 무거운 회한悔恨
불사르고 싶었던 달포 남짓

살려고 일으켜 세우려던 욕망
다독여 주고 이끌어줄 이는 없어
내가 날 사랑하며 살 운명…

빛바랜 사진첩 추억 2

— 삶

오늘 하루도 또 이렇게 살았습니다

바람처럼 구름처럼
시원始原도 모르면서
숲을 빠져나와 계곡을 돌아서
강물처럼 흘러흘러
옆구리에 신문 꾸러미 끼고
서러운 아현동 고개를 넘어

남들 가는 데까진 나도 가겠다고 걸었습니다

해 뜨는 날이나, 눈비 오는 날이나
전차비 버스비 없어서
아현동 고개 염천교 다리 시청 앞
명동성당 앞에서 좌로 꺾어
백병원에서 을지로 3 4 5 6가 지나
시구문 등 타고 넘어 신당동 백남공고를 다녔습니다

오늘 하루도 미친 개 뛰듯 뛰어다녔습니다

걷다가 뛰어보다가
경의선 철길 옹벽에 올라서서
상처 난 마음 하나
휘휘 말아 던져 봐도 인정머리 없는 바람은
파문도 없이 본 체 만 체 흘러 가버려
누더기 삶 버리지 못한 채

오늘 하루도 이렇게 쉽게 보냈습니다

오라는 이도, 기다리는 이도 없는
만리, 공덕, 아현, 북아현동을 찾아다니며
신문구독을 간청하느라
애원하다가, 희비극을 연출하다가
발걸음 끌며 마포형무소 앞 붉은 담을 바라보며
저 속에 저 놈들이
나보다 훨씬 행복한 놈들이라고…

빛바랜 사진첩 추억 3

— 향수(鄕愁)

고향하면
먼저 떠오르는 건
어머니의 따스한 품안
돌아보면 지척(咫尺)이 천리 길

타향하면
번개처럼 스치는 건
겨울밤 잠자리와 먹거리
눈물 보이고 싶지 않은 고픈 길

밤마다 꿈결 따라
향수 앞세우고
고향집 다녀와도 시간은
서울의 첫 전차 고동소리 울리기 전.

빛바랜 사진첩 추억 4
— 등굣길

못다 핀 꽃봉오리, 너는 아직도 내 머리에
가슴에 반짝이는 북두성으로 박혀 있어
잊혀지지 않는 하나의 몸짓으로 남아있어
그날도 희부연 안개가 낀 등굣길이었지

네 모교 아현국민학교 앞 한길 뛰어 건너다
지프(jeep)차에 치어 너는 멀리 튕겨났어
한 군데도 상한 곳이 없고 코피만 비쳤어
아무도 너에게로 다가가지 않고 곁눈질만 할 때
신문팔이 구두닦이가 도와줘 너를 옮겨 놨어

나는 너와 이별한 그날로부터
가난하나 심성이 착한 구두닦이 신문팔이 안내양
이 티 없는 천사들의 잠자리에 기도를 하고
이슥토록 고요히 시 쓰기로 마음 먹었는데
치질 걸린 놈이 걸핏하면 미주알 보여 주듯
값진 글은커녕 껍데기만 그리는 글쟁이가 됐어.

빛바랜 사진첩 추억 5

— 쓸데없는 궁상

생즉사生卽死라지
태어나면 반드시 사라진다고
한 치도 어긋남 없는 순리
내 아직 살아있는 건, 꿈이 있기 때문

오늘에서 내일로
이승에서 저승으로
그 멀고 먼 순환循環의 길
내 아직 살아있는 건, 할 일이 남았기 때문

빛과 그림자
삶有과 죽음無
빛은 그림자의 어머니
삶有은 죽음無의 영원한 자궁子宮

되돌아본 생
인연은 다함이 없는데

그깟 삶 좀 궁하면 어때
임과 함께 밤하늘의 별을 세며 살리라.

빛바랜 사진첩 추억 6

— 우골탑의 붐(boom)

굴레방다리* 언저리로
울도 어리도 없는 길바닥, 난전에 무더기로 앉아
그리움과 그리움으로 바라보는
눈길엔, 겨울인들 추우랴

"사는 게 맵구려"
사과궤짝 위에 놓인 시든 채소나부랭이 사이로
흘러나온 어머니의
고단한 독백

이 고요한 아름다움
산다는 게 이렇게 속으로 울고 있다는 걸, 몰랐다
어린 누이동생이 외친다
채소 떨이로 싸게 준다고

하나를 살리자고
다 죽어야 하느냐, 하나를 죽여, 모두 살아야 하느냐

무조건적 한국의 교육열
우골탑牛骨塔*의 붐(boom).

*굴레방다리 : 아현시장 서울기공 뒤쪽을 지칭
*牛骨塔 : ㄱ, 5,60년대 대학을 지칭
ㄴ, 시골 사람들 소 팔아 대학 보낸다는 뜻

빛바랜 사진첩 추억 7

— 천사(天使) 두 분

지금까지도 성도 이름도 모르는 고마운
이대梨大 배지 달았던 두 누나

삼일 낮과 밤을 한잠도 못 자고
아르바이트 마치고, 여느 날처럼 등교
굶주린 배 움켜잡고 집으로 돌아오다
만원 버스가 낑낑거리며 아현동 고개 올라설 무렵
나는 왈칵 코피를 쏟고 쓰러진 것만 안다

동아제약사 진열장 앞 소파에 눕혀졌다
얼마나 흘렀는지, 어리마리 스치는 건
신문로 올 땐 '기붕, 창학'*씨 집은 총칼이 지키던데
산비탈 바위너설 나무처럼 목 움츠리고 살았어도
이 꼴이 무엇이냐, 자책하며 나서려는데 가방에

"참고 견디다 보면 고봉준령에서 손짓할 거야"
다이아몬드 모양으로 접은 메모지와 돈 50원

벌써 시간은 흘러, 조각구름이 노을 베고 누웠구나

그래도 세상은 살만하구나, 따뜻하구나.

* '기붕, 창학': 이기붕 의장, 최창학 갑부

눈물의 밥

어머니는
반식기(반반 섞기) 밥을 지으시면
위의 하얀 쌀밥만 거둬
자식들에게 나눠 먹이고
밑바닥 보리누룽지만 긁어 잡수셨다
어머니는 그래야만 하는 줄 알았다

늘려 먹는다고 무밥이라도 하면
밥알만 골라
자식들에게 퍼 담아 주고
밥알이 십리 가다 하나씩 섞인 밥 퍼다
밥상 밑에 감추고 참 맛있다고 하신다
어머니는 다 그러는 줄만 알았다

밥솥에 얹어 찐 황석어젓
짚불에 궈, 짚불 내 나는 갈치도막
살점 발라 자식들에게 먹이고

생선대가리, 뼈, 창자만 골라놓고
식은 밥 물 말아 아궁이 앞에서 드셨다
어머니는 그렇게 해야 하는 줄 알았다

첫손자 낳아 안겨 드릴 때
함박꽃처럼 웃으시며 내민 젖가슴이
참으로 뜨거웠다
어머니 가슴이 이리 뜨거운 줄 처음 알았다
내가 새끼 낳아보고서야
바보처럼 산 삶이, 지금 소낙비로 내린다.

아버지 기氣

우리 집 아버지는
어머니 앞에만
서면, 왜 기가 죽는가

스승인 아버지는
학생들 앞에만
서면, 늘 기가 등등한가

그러나 아버지는
아들·딸과 놀아 줄
때는, 항상 로봇이 되는가

틀림없이
나 아닌 너를 위함이다.

아내의 취미생활

아내가 꽃이라면
허겁지겁 끌어들이더니
이제는 몸이
안 따르는지, 헌신짝 버리듯 내쳐
그래도 취미의
한구석에 여운이 맴도는지
응접실 창가에다
선인장류 칠·팔 분盆 사다 놨다
구실인즉슨 게으른 놈
기르기에 안성맞춤이라고

창가에 놓고 기르니, 해를 보려 한 쪽으로 굽어
요것들까지 늙었다고 깔보는 것이냐
그 몸짓이 식물의 천성, 생존경쟁인 걸
우리가 꿈꾸는 행복도 만든 것이 아니라
만들어 가는 삶의 이치와 같다고나 할까요.

삶의 고독이여

아내가 칼국수 반죽
밀어내는 암반 위로
가을 마지막 햇살이
마구잡이로 내려앉는 풍요豊饒

뒤뜰엔 가지마다 축축
늘어진 빨간 대추
그냥 그대로 놓아두어도
절로 떨어지는 밤톨의 자유自由

툇마루 밑 고양이
암수 한 쌍이
정겹게 팔베개로 누워
스르르 눈꺼풀이 감기는 평화平和

가난하지만 그리 불편하게
느낀 적 없는데

물질로만 평가하는 오늘날
아! 삶의 고독孤獨이여.

어색한 미소微笑

푹, 곰삭은 홍어 삼합
톡, 쏘는 그 맛

마치, 우리 집사람 성깔
늙어갈수록 느는 바가지
사내들 기죽이는
오랜, 전습傳習을 익혀
내 마음 흔들어 놔
되고 때, 한 음절이 속태우듯

서로 옆자리가 그리워지는 때
허리 무릎이 시려 오는 때

사생결단으로 밀고 오는 육박전
연막탄으로 앞을 흐리게 할 수밖에
살아주느라 애 많이 썼어
사내들은 그 마음 잘 몰라주거든

내 이젠 살아 죽어지내고
당신 위해 거듭거듭 죽어 살게

여보 속 풀어 응, '윙크 한 번'에
몰라 몰라, 벙그는 아내 미소.

팔월 막바지

팔월 막바지 늦더위가
기승을 부리는 오후
지친 몸, 보신이나 하자며 곰탕집 찾아
아내와 호반을 돌고 있을 때

험상궂은 두꺼비
탑정저수지 끝없는 파란 수면 위
가장자리 풀방석 앉아
앞다리로 두 눈 비비대며
물잠자리를 응시하고 있을 때

목까지 잠긴 왕 버들 가지에 앉은
청개구리 '임마 작다고 깔보지 말라'는 듯
깩 깩 깩…극성스레 울어댄다

아내는 하늘을 우러르며
"비가 오려나 봐요"
어서 집으로 돌아가자 끈다.

정情

내 정은 늙어갈수록 애처로움으로 변해
토닥토닥 아내의 굽은 등을 긁어주고

곁에 있는 것만으로도 행복한 나이
한없는 그리움은 소리 없이
겨울날 쌓이는 눈의 깊이만큼 두터워져

철이 들수록 되레 철없는 아이로 변해
기대고 싶어 칭얼칭얼 보채기만 했지

이제 두려움 외로움 불안함 다 내던지고
등산도 하며 수영도 하며 남과 어울리리
지는 해가 더 뜨겁고 빛나듯이

뉘나 늙으면 숨막히게 사람 내臭가 그립고
상냥스레 대해주는 마음결이 아쉽다.

고운 황혼을 맞고 싶다

굴레방다리가 내려다보이는 모둠구이 집
아현동 옛 벗들과 둘러 앉아 소주잔을 기울이며

오십 년대말 십 원짜리 멀건 국수 한 그릇 놓고
경기공업고등학교 아현국민학교 바라보며
금의환향을 꿈꾸며 이齒를 악물었지만
왜 그리 일식日蝕과 월식月蝕이 길을 막았던지

나에게 늦깎이 서른의 대학시절은 깊은 늪 같아
낮에 뛰고 밤에 달려도 풀칠조차 어려운 때였지
호흡기 질환 담당 의사는 내 숨참의 원인을
가난한 성장기의 냉 고래 잠에다 전가시켰다

내놓기 부끄러운, 살맛 없는 청춘기였지만
나는 뜨건 가슴으로 남들과 간극을 좁혔고
화끈한 사랑으로 우리 부부는 도톰해졌다고
그저 평범한 삶이였노라고 자위하고 싶다.

이제 흑자 생산의 시간이 내 편이 아닌 지금
이미 많은 것들이 내 곁을 떠났지만
행인지 호흡기를 제외하곤 아직 멀쩡하다
느슨한 옷으로 갈아입고 고운 황혼을 맞고 싶다.

인연아

— 백석과 김영한(子夜)

인연아, 인연아, 슬픈 자야의 인연아
백석의 꿈은 시제*에 응축 생략 여운이 잘 내포
둘이, 백마 타고 간 맑고 고요한 산골이 아니라
혼자, 흑마(가차)를 타고 만주로 떠난 이별

놀뫼 문학회 정기 모임의 요릿집에는
쌀로 빚은 향기로운 술이 항상 놓이고
말로 빚는 시詩의 연금술이 논의 되었지
객담 같으면서, 참으로 쓸모 있는 문학이론
비울수록 그득그득 채워지는 흥興
마실수록 솟아나는 감미로운 맛味
불쑥 터져나온 선배 문인들의 염문艶聞
김우진과 윤심덕, 임화, 백석, 유치환…
그중에서 압권은 백석과 김영한의 순애보
구십년 전 시를 이해하고 사랑한 시대 앞선 여인

영한은 그리움을 잊으려고 요정(대원각)을 운영해

일천 억이 넘는 돈을 벌어 길상사에 희사하며
“이 돈보다 백석의 시 한 줄이 값지다” 라 했다.
당시 사내들의 호기심과 부러움의 대상이었지.

* 시제(詩題 :「나와 나타샤와 흰 당나귀」

외로움에 젖은 백로白鷺

탑정저수지 물굽이 끝자락쯤에
한 쪽 다리 들고 선 백로
무슨 외로움에 넋을 잃고 서있는가
네 고독에 의탁한 나의 시

우리네 삶도 권세와 이익이 다하면
모두 곁을 떠나버리는 것을
물에 잠긴 왕버들 삶이 무거웠던지
목만 내놓고 두리번 두리번

대명산 감아 도는 뻐꾸기 울음
가물가물 허기져 오는 오월 한나절

송가네 매운탕 집에 들러
붕어찜이라도 푸짐히 시켜 놓고
백로 불러 앉히고
새도록 잔 기울이며 얘기하고 싶다.

별이 되고 시가 되고

— 꽃과 나비

우리는, 그 많은 목숨들 중에 무슨 연緣으로
항상, 가슴 들끓는 그리움으로 살아야 하나

오죽이나, 임과 향이 그리웠으면
우화羽化 물기도 마르기 전에 날아왔으랴
눈빛 몸짓 하나로도 사랑이 물들고
아픈 상처 다독이며 꽃술에서 잠이 들지

이 세상 임과 함께라면 무엇이 두려우랴
높은 산이 놓인들, 물이 가로막은들
우리 사이는 갈라놓지 못하리라

뉘나, 잠깐 이 땅 빌려 쓰다 가는 나그네
하니, 두 몸 아닌 하나로 엮어야 할 '너와 나'
하늘에 별이 되고, 땅에 시詩가 되리.

이런 시를 쓰고 싶다

꽃이 피면 봄이 오나보다, 화전花煎놀이 하고
잎이 지면 가을이 가나보다, 품앗이 김장하다가
'배추 고갱이 겉절이' 입맛 다시라 울籬 넘기는
그 순박淳朴한 시골정서를 노래하고 싶다

앞뒤도 없이 지껄여대는 군더더기 끌 쓰기나
미사여구만 늘어놔 번지르르한 시는 더욱 싫어
짧지만 몇 줄의 글이라도 정성을 다해 쓴
읽기 쉽고 알기 쉬운, 그런 시를 쓰고 싶다

김매다 물꼬에 손 휘휘 젓고 탁배기 잔 나누는
따끈따끈한 오지그릇 같은 정을 노래하고파
조금은 모자라도 한번 손에 들면
아무나 아무데서나 흥얼거리는 시를 쓰고 싶다.

고요한 기다림

고덕상 시집

발 행 일 | 2014년 1월 2일
지 은 이 | 고덕상
발 행 인 | 李憲錫
발 행 처 | 오늘의문학사
출판등록 | 제55호(1993년 6월 23일)
주　　소 | 대전 동구 삼성1동 125-6 한밭오피스텔 401호
전화번호 | (042)624-2980
팩시밀리 | (042)628-2983
홈페이지 | http://www.lito77.co.kr(홈페이지)
전자우편 | hs2980@hanmail.net

공 급 처 | 한국출판협동조합
주문전화 | (070)7119-1741~2
팩시밀리 | (031)944-8234~6

ISBN 978-89-5669-585-3
값 10,000원

* 이 책은 전자책(교보문고)으로도 제작되었습니다.
* 잘못된 책은 바꾸어 드립니다.